介護福祉現場の意識改革シリーズ

事例から考える
「情報の見立て方」

岡本浄実／野田由佳里／村上逸人　著

みらい

執筆者紹介

岡本　浄実（生活福祉修士・健康科学修士）　京都文教大学こども教育学部准教授
・はじめに、ケース1・2、おわりに

　　楽しい時間は、「面白さ」と「発見」があります。面白さと発見のしかけを日々、考えています。健康科学・体育・領域「健康」を担当。研究テーマは、健康教育。生活という視点を大切にしています。また、遊びや活動の「半分できること」をキーワードに子どもから高齢者の健康や生きがい活動を支援しています。現在は、保育実践の可視化に着目しています。

村上　逸人（社会福祉学修士）　同朋大学社会福祉学部准教授
・ケース3・4

　　高齢者の介護過程展開や人間の尊厳と自立などを担当。研究テーマは、高齢者の介護。個人を尊重し、生活ケアの理解に重点を置いています。介護技術だけでなく、利用者と自分の育ってきた生活感覚が違っても活躍できる介護人材の養成を目指しています。現在は外国人を含めた介護の国際化と標準化に着目しています。

野田由佳里（社会福祉学博士）　聖隷クリストファー大学社会福祉学部教授
・ケース5・6・7・8

　　介護福祉現場の実務経験を活かした講義が身上。高齢者福祉論・介護福祉論・介護過程などを担当。研究テーマは、「介護人材の定着」を柱として、ケアの思想や、介護福祉学の進展に貢献する研究を深めています。一例として、介護職の離職率の高さを危惧し、就業意識の構造分析、好循環に繋がる因子研究や、介護現場における腰痛予防に関する移乗動作解析研究も行っています。最近は人材不足対策の外国人介護労働者にも着目しています。

はじめに

　新型コロナウイルス感染症は、社会に急速なデジタル化と新しい生活様式をもたらしました。総務省が2021年に行った「ウィズコロナにおけるデジタル活用の実態と利用者意識の変化に関する意識調査研究」では、「情報セキュリティ」「リテラシー」「利活用が不十分」「通信インフラが不十分」「端末が十分に行き渡っていない」などの課題も浮上しています。

　介護現場でのICTの活用は、介護人材不足の一環としても注目されています。介護者の身体的な負担を軽減するための移乗用のリフトの設置や積極的な活用が行われています。小型ロボットでは、レクリエーションを担当するロボット、対話型のロボットなどが活用されています。また、介護者が装着する介護ロボットの開発も進み、実用化もされています。特に高齢者の見守りという視点では、ICTの活用が在宅介護を支える心強いツールになっているといえるでしょう。見守りカメラの普及はもちろん、毎日の電気ポットの使用状況をＥメールで家族に送信するシステム等、ICTの活用で高齢者の見守りの形が多様化しました。一方でICTの活用は、介護の事務作業の軽減や事業所のコスト削減にもつながります。利用者の情報の共有や活用が期待されていますが、利用者の情報が自動的に入力されるわけではありません。利用者の情報を観察し記録（入力）する過程は介護職が行います。

　「介護福祉士の意識改革シリーズ」の４冊目となる本書は、利用者の情報から利用者（その人らしさ）をイメージすることに着目しました。本ワークブックでは、情報を組み立て、時代背景の情報をとらえながら、登場人物である利用者に落とし込んでいきます。時代背景の「情報」と身近な人の「情報」がつながった時、「これが流行った時に利用者は40代。お父さんと一緒だ」、そんな気づきがケアのヒントになるのではないでしょうか。そのうえで、データ化された多くの「情報」を自身でinputし、チームのメンバーにoutputすることも学びます。

　介護者のケアの視点がブレないために、チームでケアをするためにも「情報」の見立て方について考える機会になればと思います。本ワークブックは、チームで「最適解」を見つけるものだと考えて取り組んでいただきたいと思います。

令和５年４月

著　者

もくじ

はじめに

おわりに

本ワークブックの概要

「介護」を学ぼうと学びを始めてくださる方、ようこそ。

本ワークブックは、介護に初めて関わる人、介護を始めて日が浅い方を対象にしています。同時に介護現場の職場研修の教材として使っていただけるように構成しています。あなたが研修の担当者になった場合をイメージしてこのワークブックを読み進めてくだされればと思います。

１．本ワークブックのねらい

（１）介護職チームを考える視点

介護職チームを考える視点として、「介助」「介護」「介護福祉」の３つの言葉から考えてみましょう（図１）。

「介護」のイメージというと、食事・排泄・入浴等の生活場面の「介助」が思い出されることでしょう。現在は、利用者の体の状態に合わせた食事や食器、おむつ、入浴機など介助は「モノ」に支えられているともいえるでしょう。また、生活場面の「介護」には、正しい答えはないように思います。言いかえれば、答えは「変化する」といえるでしょう。その人らしい生活は、一生同じではありません。介護に関わる者の「意図的に集めた情報」が利用者の「自立」「快適」「安全」の介護の「説明」につながります。さらにアセスメントの視点に基づいた「介護」の根拠をそれぞれの立場に共有することで多職種をつなぎ高齢者を支えることが「介護福祉」の専門性になるのではないでしょうか。

このように利用者が「行動しやすいように援助する」ことを介護職チームで一緒に考えることが本ワークブックの目指す「チーム」です。

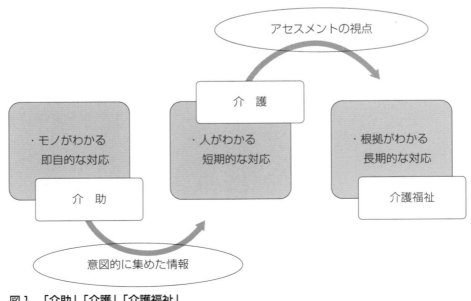

図１　「介助」「介護」「介護福祉」

（2）「情報」と介護─身近な「情報」を組み立てる─

　利用者を理解するためには、情報が必要です。しかし、情報は関わる人が意識して情報収集をしなければ「情報」にはなりません。意識して集めた情報や情報の背景を探り、組み立て、利用者のイメージをすることは介護の魅力のひとつだと思います。利用者の生活向上の課題解決に向けて取り組むプロセスを介護過程の展開といいます。利用者の生活の状態を知り、生活上の課題を明らかにすることが介護過程の出発点です。このワークブックを通して初学者が介護過程の出発点を学ぶこと、介護現場の職場研修のアイスブレイクとして「情報」を考えてみましょう。その際には図2のアセスメント思考の流れを意識しましょう。

①ICFを活用した情報収集　②生活像を組み立てる　③イメージを描く　④視点を関連づける　⑤情報を関連づける　⑥情報の解釈・統合　⑦生活課題の明確化

図2　アセスメントの思考の流れ
出典：介護福祉士養成講座編集委員会編『介護福祉士養成講座9　介護過程』2019年　p.20　中央法規出版

（3）時代背景から利用者の理解を深める

　利用者の理解を進める上で、その人の生きた時代背景と情報を結び付けることは重要な役割を果たします。本ワークブックでは、情報から「新しい発見」をし「理解を深める」思考方法を取り上げます。

　例えば、「幼少期」「就職」「結婚」「退職」「老後」といったライフイベントは、時系列でつないで考えることで、利用者に対する情報収集をより深めることができます。

　また身近な話題として、電話やテレビといったモノや文化の側面から利用者の生きた時代をイメージしてみましょう。情報通信機器の歴史から考えると、1950年代ではダイヤル式電話（いわゆる黒電話）が一般的で、1969年にはプッシュホンが登場しますが、戦後の時代は総じて、電話はコードや回線が必要で「一家に1台」という価値観が強かったことでしょう。しかし1990年代に入るとコードレス電話や携帯電話が一般的に普及し、コードや回線は必要ではなくなり、電話が「一人1台」といった価値観に変化してきました。

　このように時代背景を加味しながら利用者の価値観を考えていくと、一層その利用者への理解が深まります。ほかにも、年齢の側面からも情報を結び付けて、利用者への理解を深めていくのもよいでしょう。例えば20歳は、消費行動を決定する時期といわれています。利用者自身の20歳だった頃と比較できるキーワードで「情報」を深く理解し、つなげる工夫をワークを通して体験します。

（４）「情報」とICF

　ICFの思考は、情報整理や利用者の分析にもつながります。利用者の「できないこと」から「できること」に注目し利用者のよりよい状態（well-being）になる介護を目指します。

　利用者の生活は、情報を解釈・統合し、生活課題を明らかにし、チームで介護サービスを支える必要があります。また、その人らしい介護のためにICFモデル（図2）を活用し、生活機能にアプローチします。意図的に集めた情報をアセスメントの視点（図3）を用いて「生活機能」にアプローチします。

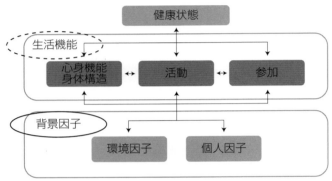

図2　ICFモデルとワーク1が目指す意図的な情報収集

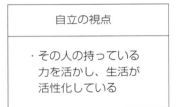
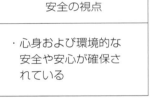

自立の視点	快適の視点	安全の視点
・その人の持っている力を活かし、生活が活性化している	・心身の苦痛なく、尊厳を保持した生活を維持している	・心身および環境的な安全や安心が確保されている

図3　アセスメントの視点

（５）「情報」と介護職チーム

　介護職チームがケアをする上で、当事者として利用者の主体性を意識することが重要です。情報を共有することで、個別性や、多様性に注視することが可能となります。基礎資格、従事する事業所、勤務形態、地域性、介護経験などテキストを手にされる方が多様であることから、「正解」を導き出すためのワークではなく、様々な視点の中で「最適解」を求める姿勢を考えていきましょう。自分ならどう考える、他の人はそんなことを考えるのか、自分には思い及ばないことがあるという気づきにつながれればと思います。

2．ワークブックの構成

　本ワークブックは、介護現場で出会うケースを年代×性別×疾患のキーワードで構成しました。今回は、疾患について多くの記載をしていませんが、疾病のひとつのケースとして意識してください。対象の年代の方がどんな社会・どんな価値観の中で生き、疾病によ

りどんな人生の選択をしたのかという「情報」に時系列で向き合ってください。各ケースの構成は次のようになっています。

（1） プロフィールと時代のモノサシ

　各ケースの扉では、登場人物の「プロフィール」と登場人物が過ごした時代に対する「時代のモノサシ」を掲載しています。

　「プロフィール」は対象となる利用者の紹介をしています。「時代のモノサシ」では、利用者の理解を深めるための「情報」として、その利用者が過ごした時代によく耳にしたであろう法律や出来事、データをまとめています。ひとつの「情報」として意味を知るだけではなく、「情報」がどのように社会の変化に関わっているかを知ってほしいと思い、構成しています。社会背景、特徴的な出来事から利用者の価値観などを考えてみましょう。

表2　時代のモノサシのキーワード

	時代のモノサシ
ケース1	学校給食
ケース2	カラオケ
ケース3	鉄道
ケース4	就職
ケース5	女性とキャリア
ケース6	女性の大学進学率
ケース7	住宅事情
ケース8	福祉観

（2） ワーク1　人生の時期を理解する

　「プロフィール」や「時代のモノサシ」を踏まえ、利用者の生きた時代を自身の興味・関心から調べてみましょう。利用者の世代の「価値キーワード」も参考に当時の社会の「情報」をつないでみましょう。また、苦労した「情報」よりも、ここでは利用者の人生に「いいね」を送るようなつもりで取り組んでみましょう。

（3） ワーク2　意図的に集めた情報をアセスメントの視点で整理する

　ワーク1で行った、利用者が生きた時代背景やその時代の価値観から利用者のイメージを膨らませます。その上で【基本情報】【介護記録】の情報を重ねてみましょう。利用者の「過去」「現在」の情報から「未来」を探るワークです。

（4） ワーク3　介護職チームでケアをする内容を列挙する

　ワーク1では、利用者を「プロフィール」と「時代のモノサシ」によりひとつの「情報」として掘り下げました。ワーク2では、「情報」の広さを視野に「情報」を整理しました。

ワーク3では、介護職チームでケアする際の内容を列挙します。また、チームでワークをする際は、他のメンバーの意見を聞いてみましょう。

3．ワークブックの使い方

（1）初学者の学びの補助教材として

　本ワークブックは、介護現場における職場研修の教材として使っていただけるように構成しています。また介護職員初任者研修では「介護におけるコミュニケーション技術」「こころとからだのしくみと生活支援技術」などの科目、介護福祉士養成課程では「生活支援技術」などの科目の補助教材として学びを深めるために使っていただいても最適です。

　例えば介護現場の職場研修の担当者になった場合、それぞれの介護現場に職場研修の資料はあるかと思いますが、職場研修のマンネリ化防止のため新しい取り組みをしたいと考えている介護現場は多いのではないでしょうか。職場研修をすべてリニューアルすることは、とても大変なことです。介護職チームのためにと、日常業務と並行して職場研修や行事の準備を一生懸命に取り組むあまり、燃え尽きてしまうようなことがあっては人材の損失になります。また、職場研修の担当がストレスで日常の介護にミスが起きることも避けなければなりません。本ワークブックでは、一例として次のような展開を提案します。

（2）介護の職場研修のアイスブレイクとして

　介護の職場研修を3部で構成します。導入は、緊張をほぐすアイスブレイクをオススメします。アイスブレイクは、YouTube等で様々紹介されていますが、やり方によっては子どもの遊び、利用者のリハビリのようだと思うかもしれません。

　ここでは、「プロフィール」や「時代のモノサシ」、ワーク1が活用できると思います。また、介護の職場研修では、アイスブレイクを「レディネス（学習の準備）」としてとらえ、実施してはどうでしょうか。忙しい中で捻出した職場研修の時間です。緊張をほぐすアイスブレイクをしている時間が惜しいと思うかもしれません。一方では、職員自身も多様な世代の方がいます。「懐かしい」「あったあった」と経験を時系列で並べ共感する時間があってもよいと思います。日頃は、施設内でスマートフォン等を使うことはないかもしれませんが、1962年・出来事・ゲームなどのキーワードで検索し、画像を眺めてみてください。また、利用者の「情報」は記録として見慣れているかもしれません。利用者を理解するために「時代」に思いを馳せてみてはどうでしょうか。私たちが経験したことのない対象者の「時代」を検索できる現在のメリットを活かし、参加者の緊張をほぐし、研修への集中力アップを狙ってみましょう。

　　第1部　導入：介護の職場研修のアイスブレイク：5分程度
　　テーマ例：今日の研修の対象者Gさんの20歳の頃
　　テーマ例：1970年代に広まった「ガチャガチャ」　年代ごとに並べてみる
　　　　　　　＊遊んだゲーム、駄菓子など

第2部　介護の職場研修のテーマ：講演・ワークショップ等
第3部　まとめ：3分程度　＊今日の内容を3分にまとめる。

ケース 1 1942年生まれ × 80代女性 × 脳血管性認知症

1 プロフィール

　戦後生まれの紅葉さんが20代（1960年代）の頃は、ミニスカートが流行った頃です。この時代は高度経済成長期にあたり、生活にゆとりができた人も増え、社会が明るくなった頃です。その頃紅葉さんは地方の工場で経理の仕事をしていました。その後27歳で食堂を経営する家に嫁ぎ働きました。

　紅葉さんは、63歳で「脳梗塞」を発症し、それを原因とする「脳血管性認知症」を発症しました。「脳梗塞」を発症する前には、女性特有の体調の変化もあったでしょう。しかし紅葉さんの若い頃（1960年代から1980年代）は、健康診断や人間ドックが一般的ではなく、社会全体の健康意識も現在より乏しかったといえます。このような時代背景もあり、紅葉さんは今まで自分の健康を意識する機会が少なく、体調が悪くても「我慢」して過ごしてきました。紅葉さんがもし50代、60代で体のことを客観的に考える機会があれば「脳梗塞」は発症しなかったかもしれません。

　現在は、子どもと暮らす選択をし、ふるさとを離れ新しい生活を始めています。

2 時代のモノサシ

　紅葉さんが小学生だった1954年、学校給食法が施行されました。開始された当時はコッペパンなどのパン食と脱脂粉乳が主でしたが、1963年には脱脂粉乳からミルク給食が始まりました。給食はその後も社会とともに変化し、揚げパン・ソフト麺が登場、1976年からは米飯給食とメニューが増えました。

　1981年には農林水産省が「地産地消」を提唱し、今では地産地消は観光のキーワードにもなっています。また2015年には、文部科学省が学校における食物アレルギー事故防止の徹底を図るため、「学校給食における食物アレルギー対応指針」を発表し、配慮が必要な子どもに対する支援も始まっています。

①時代

1962年頃	1972年頃	1982年頃	1992年頃	2002年頃	2012年頃

②年齢

20代	30代	40代	50代	60代	70代

③社会（学校給食）

ミルク給食	米飯給食	地産地消	中教審「食育」の必要性明記	給食を通じた国際理解	アレルギー対応指針

紅葉さんの人生の時期を理解する

　1942年生まれの紅葉さんの生きた人生の時期・社会を理解することは大切です。年齢や時代から、あなたの興味のあるキーワードで当時の流行なども調べてみましょう。また、年齢と価値キーワードで検索してもよいでしょう。

１．紅葉さんの人生の時期を調べましょう。

年齢	時代	価値キーワード	紅葉さんの人生の時期を検索する 例：サラリーマン初任給、テレビドラマ、流行等
20代		金銭感覚	
30代		結婚観	
40代		家族観	
50代		職業観	
60代		健康観	
70代		死生観	

２．紅葉さんの生きた人生の時期から紅葉さんは、どのような方だと思いますか。20代と50代の頃の社会背景を考えながらそれぞれの時代の紅葉さんについて考えてみましょう。

20代の頃

50代の頃

意図的に集めた情報を アセスメントの視点で整理する

　ワーク2は、ワーク1の紅葉さんの生きた時代をイメージしてください。紅葉さんの基本情報と介護記録から「自立」「快適」「安全」のアセスメントの視点で整理しましょう。

【基本情報（2022年4月1日現在）】
①女性　②80歳　③要介護4　④63歳で脳梗塞発症　⑤在宅介護サービスを受け15年間の在宅生活　⑥脳梗塞発症まで38年間は嫁ぎ先の食堂を経営　⑦68歳で夫と死別　⑧夫との間に子ども2人（女）　⑨県外で長女と同居し10年目　⑩民謡踊りが趣味

【介護記録より】

⑾低糖質ご飯がまずいと食事量が減る	⑿ズボンの着衣ができないことが多い	⒀歯の定期健診で歯磨きを丁寧にと指導あり	⒁翌日着用の服を前日に決める
⒂入浴は、機械浴	⒃ご主人の写真を飾っている	⒄半年前から訪問リハビリを週2に	⒅車いすが狭い
⒆ベッドでの座位が保てないことがある	⒇デイサービスを楽しみにしている	㉑携帯電話を受信できるが、電話を発信しなくなった	㉒失禁が多くなりリハビリパンツをはく

1. 「イメージを組み立てる」にアセスメントの視点で基本情報、介護記録の情報を整理しましょう。また、ワーク1での情報も含め「人生の時期からイメージする姿」を書きましょう。

視点	ポイント	イメージを組み立てる	人生の時期からイメージする姿
自立	1. 利用者の力を活かす		
	2. 生活上の支障や困難		
	3. 福祉用具の活用		
	4. 自己の意思表示		
快適	1. プライバシー保護		
	2. 生活スタイルや価値の維持		
	3. パワーレス状態		
安全	1. 生命の状態の悪化原因		
	2. 生活を営む中でのリスクマネジメント		

Work 3 介護職チームでケアをする内容を列挙する

あなたは、紅葉さんの介護チームに介護職として参加します。

1. ワーク2の基本情報、介護記録の番号を記入し、あなたが紅葉さんのケアで大切にする視点を他の人に説明できるよう文章にまとめましょう。また、他のメンバーの解答を記入し相違点を探ってみましょう。

	自立	快適	安全
あなた			
チームメンバーA			
チームメンバーB			

発展ワーク

【80代　女性　紅葉さんの生きづらさ】について考えてみましょう。チームで行う場合は考えたことをまとめ、話し合ってみましょう。

Memo

- -
- -
- -
- -

ケース1の模範解答はこちら→

1 プロフィール

　1930年生まれの豊さんは、5男2女の7人兄弟の長男として地方に生まれました。豊さんの父は工務店で大工として生計を立てていましたが、1945年に戦死しました。戦後、母は建築現場を手伝い、その後、豊さんも工務店で職人として働き、父親代わりとして兄弟には高等教育を受けさせました。工務店から独立後、25歳（1957年）の時に見合いで妻を迎え、1男2女を授かりました。

　豊さんの楽しみは、晩酌と「兄弟会」でした。お盆とお正月は必ず母を囲み兄弟で宴会を行いました。また、子どもが小さい頃は年に1回観光バスを貸し切り、潮干狩りに出かけるなど「兄弟会」の中心に豊さんはいました。

　豊さんは、70歳で自身が開業した工務店を閉店しました。老後は、長男家族と住むことを望んでいましたが、東京で暮らすため長男は相続を放棄しました。豊さんは、長男の決断に気落ちし、酒量も増えました。デイサービスは拒否、入浴サービスのみ受け家族と妻の負担を軽減しています。

2 時代のモノサシ

　90代の人は、今では身近な「音楽」「カラオケ」「旅行」等の大衆化とともに過ごした世代ではないでしょうか。社会がどのような状況であっても、戦中は軍歌、戦後は洋楽・演歌・ポップス等、多様な歌が人々の生活を支えたといえるのではないでしょうか。

　一般社団法人全国カラオケ事業協会歴史年表によると、1980年代に船舶用のコンテナを利用したカラオケボックスが登場しました。一方で音楽も1980年代まではレコード、1990年代には8cmのCD、2000年には12cmのCDが時代の代表曲を送り出し、専用の再生機器で視聴していました。現在は、ダウンロードしてスマートフォンで視聴する形になります。

①時代

1950年頃	1960年頃	1970年頃	1980年頃	1990年頃	2000年頃

②年齢

20代	30代	40代	50代	60代	70代

③社会（カラオケ）

歌声喫茶隆盛	カラ・オーケストラ登場	8トラテープカラオケ登場	カラオケ CDチェンジャー登場	通信カラオケ登場	デンモク登場

豊さんの人生の時期を理解する

　1930年生まれの豊さんの生きた人生の時期・社会を理解することは大切です。年齢や時代から、あなたの興味のあるキーワードで当時の流行などを調べてみましょう。また、年齢と価値キーワードで検索してもよいでしょう。

1．豊さんの人生の時期を調べましょう。

年齢	時代	価値キーワード	豊さんの人生の時期を検索する 例：流行・電話・テレビ・服・寿命・ 　　　　　　　　　　結婚年齢・初任給等
20代		金銭感覚	
30代		結婚観	
40代		家族観	
50代		職業観	
60代		健康観	
70代		死生観	

2．豊さんの生きた人生の時期から豊さんは、どのような方だと思いますか。20代と50代の頃の社会背景を考えながらそれぞれの時代の紅葉さんについて考えてみましょう。

20代の頃

50代の頃

意図的に集めた情報を アセスメントの視点で整理する

ワーク2は、ワーク1の豊さんの生きた時代をイメージしてください。豊さんの基本情報と介護記録から「自立」「快適」「安全」のアセスメントの視点で整理しましょう。

【基本情報（2022年4月1日現在）】

①男性　②92歳　③要介護5　④82歳まで病院を拒む　⑤介護サービスを受け10年
⑥妻が主たる介護者　⑦毎日、飲酒　⑧子ども3人　⑨次女夫と良好関係　⑩2世帯住宅

【介護記録より】

⑾大工の道具箱をそばに置くことを希望	⑿兄弟会の写真を飾っている	⒀兄弟が交代でデイサービスを勧める	⒁夕飯時のみ飲酒
⒂妻が庭に植える花をほめる	⒃週2回の訪問入浴サービス	⒄朝、新聞を開き自分でめくる	⒅車いすの移乗に積極的
⒆座位を保ち、テレビを見て飲酒	⒇庭に出たいと言う	㉑幼少期の苦労を話してくれた	㉒新聞の内容を聴くと不機嫌になる

1. 「イメージを組み立てる」にアセスメントの視点で基本情報、介護記録の情報を整理しましょう。また、ワーク1での情報も含め「人生の時期からイメージする姿」を書きましょう。

視点	ポイント	イメージを組み立てる	人生の時期からイメージする姿
自立	1. 利用者の力を活かす		
	2. 生活上の支障や困難		
	3. 福祉用具の活用		
	4. 自己の意思表示		
快適	1. プライバシー保護		
	2. 生活スタイルや価値の維持		
	3. パワーレス状態		
安全	1. 生命の状態の悪化原因		
	2. 生活を営む中でのリスクマネジメント		

Work 3 介護職チームでケアをする内容を列挙する

あなたは、豊さんの介護チームに介護職として参加します。

1. ワーク2の基本情報、介護記録の番号を記入し、あなたが豊さんのケアで大切にする視点を他の人に説明できるよう文章にまとめましょう。また、他のメンバーの解答を記入し相違点を探ってみましょう。

	自立	快適	安全
あなた			
チームメンバーA			
チームメンバーB			

発展ワーク

【90代　男性　豊さんの生きづらさ】について考えてみましょう。チームで行う場合は考えたことをまとめ、話し合ってみましょう。

Memo

- -
- -
- -
- -

ケース2の模範解答はこちら→

ケース 3 1925年生まれ × 90代女性 × 骨折

1 プロフィール

　幸子さんは 3 人姉妹の 3 女として、日本統治時代の朝鮮に生まれました。父親が海軍関係の仕事に従事していたこともあり、幸子さんは終戦まで父と同じ港湾会社で事務員をしていました。

　1945年 9 月に引き揚げ船で帰国し、両親の故郷に戻ると、23歳で親が勧めるままに見合い結婚をしました。夫は戦前から朝鮮の鉄道局で働いており、戦後も日本国内で同様の仕事に従事しました。夫は80歳になった頃、肺炎で亡くなっています。

　夫との間に長男、長女が生まれ、現在はそれぞれ独立して生活しています。今は盆と正月に都会から帰ってくる長男長女の孫の顔を見るのが楽しみで日々変わらぬ施設生活を送っていますが、80歳になった頃、利き腕を骨折し腰も打撲しました。医師は手術を勧めませんでしたが、本人の強い希望で手術しました。退院後はリハビリを懸命に行いましたが右半身麻痺となり、現在は車いすを利用しています。

2 時代のモノサシ

　日本の鉄道は、1872年の新橋・横浜間の開通から始まりました。当時は、石炭を燃料とする蒸気機関車でした。今では観光地で走る「D51」のイメージがあるかもしれませんが、1976年まで日常的に蒸気機関車が使われていました。また、1919年には国産初の電気機関車が製造されました。日本の国産電車は戦後、物づくりの技術が洗練された結果と言えるでしょう。1964年には東海道新幹線が全通、続いて山陽・上越・東北・九州・北海道新幹線と開通し、日本の経済の活性化を支えました。また、磁気式プリペイドカードは鉄道の合理化・バリアフリー化に貢献しました。

　また、日本は震災の度に鉄道の補強・復旧に努め、東日本大震災では49日で東北新幹線が復旧したことも記憶に新しいことでしょう。

①時代

1945年頃	1955年頃	1965年頃	1975年頃	1985年頃	1995年頃

②年齢

20代	30代	40代	50代	60代	70代

③社会（鉄道）

国鉄復興	戦後初の地下鉄開通（池袋・お茶の水間）	東海道新幹線開通	山陽新幹線開通	磁気式プリペイドカード発売開始	阪神・淡路大震災

幸子さんの人生の時期を理解する

　1925年生まれの幸子さんの生きた人生の時期・社会を理解することは大切です。年齢や時代から、あなたの興味のあるキーワードで当時の流行などを調べてみましょう。また、年齢と価値キーワードで検索してもよいでしょう。

1．幸子さんの人生の時期を調べましょう。

年齢	時代	価値キーワード	幸子さんの人生の時期を検索する 例：流行・電話・テレビ・服・寿命・ 　　　　結婚年齢・初任給等
20代		金銭感覚	
30代		結婚観	
40代		家族観	
50代		職業観	
60代		健康観	
70代		死生観	

2．幸子さんの生きた人生の時期から、幸子さんはどのような方だと思いますか。20代と50代の頃の社会背景を考えながらそれぞれの時代の幸子さんについて考えてみましょう。

20代の頃

50代の頃

Work 2 意図的に集めた情報を アセスメントの視点で整理する

　ワーク2は、ワーク1の幸子さんの生きた時代をイメージしてください。幸子さんの基本情報と介護記録の情報から「自立」「快適」「安全」のアセスメントの視点で整理しましょう。

【基本情報（2022年4月1日現在）】

①女性　②97歳　③要介護4　④80歳の時に骨折　⑤月額25万円程度
⑥右半身麻痺　⑦長男・長女は独立生計都会暮らし　⑧長男・長女の子が各1人
⑨特別養護老人ホーム（個室）　⑩故郷に自宅がある

【介護記録より】

(11)気持ちが表出できない	(12)リハビリ意欲が高い	(13)入浴（機械浴）を楽しみにしている	(14)ぬれせんべいが好き
(15)孫に会える喜び	(16)短距離なら車いすの自走が可能	(17)交互に長男と長女が訪ねてくる	(18)我慢強い
(19)尿意や便意ははっきりしている	(20)尿取りパッドを使用している	(21)故郷の自宅の様子が気になる	(22)レースのハンカチをいつも持っている

1．「イメージを組み立てる」にアセスメントの視点で基本情報、介護記録の情報を整理しましょう。また、ワーク1での情報も含め「人生の時期からイメージする姿」を書きましょう。

視点	ポイント	イメージを組み立てる	人生の時期からイメージする姿
自立	1．利用者の力を活かす		
	2．生活上の支障や困難		
	3．福祉用具の活用		
	4．自己の意思表示		
快適	1．プライバシー保護		
	2．生活スタイルや価値の維持		
	3．パワーレス状態		
安全	1．生命の状態の悪化原因		
	2．生活を営む中でのリスクマネジメント		

Work 3 介護職チームでケアをする内容を列挙する

あなたは、幸子さんの介護チームに介護職として参加します。

1. ワーク2の基本情報、介護記録の番号を記入し、あなたが幸子さんのケアで大切にする視点を他の人に説明できるよう文章にまとめましょう。また、他のメンバーの解答を記入し相違点を探ってみましょう。

	自立	快適	安全
あなた			
チームメンバーA			
チームメンバーB			

発展ワーク

【90代　女性　幸子さんの生きづらさ】について考えてみましょう。チームで行う場合は考えたことをまとめ話し合ってみましょう。

Memo

_____

_____

_____

_____

_____

ケース3の模範解答はこちら→

ケース4 1935年生まれ × 80代男性 × 高血圧

1 プロフィール

文雄さんは農家の6人兄弟の5男として1935年に生まれ、中学卒業後地元の製材工場に勤め、20歳の頃自動車製造販売会社へ転職しました。海外勤務も経験し定年まで勤めました。同僚の女性と1960年に結婚し、1男1女の4人家族で暮らしました。

長男は大学卒業後、都会で就職しました。長女は実家から通勤しましたが、結婚後は夫の転勤先の海外で生活しています。

夫婦は自動車が必要な地方都市で居住していました。体力低下もあり、ケアハウス（軽費老人ホーム）に夫婦で入居しました。家事から解放され、夫婦で旅を楽しむ一方で、施設の軽作業ボランティアをするなど自由な生活を謳歌していました。

ほどなくして、妻が労作時狭心症を患いました。外出ができず寂しがるため、犬型ロボットを購入しかわいがりました。5年後、妻が他界しました。犬型ロボットを見ると妻を思い出し寂しくなるからと、犬型ロボットを職員に託しました。

2 時代のモノサシ

文雄さんの幼少期は、日本で戦争に負けないと信じられて、男の子の将来の夢は軍人でした。特に高度経済成長期は、中学校を卒業後「集団就職」として都会に出て働いた時代です。地方から都会に就職する若者を「金の卵」と表現し、貴重な労働人材でした。何より都会で働くと、地方で働くよりも多くのお金が手に入りました。自動車産業をはじめとして多くの企業が発展する中、会社のために身を粉にして働き続けるモーレツ社員が日本の経済成長を支えました。文雄さんもモーレツ社員の一人だったかもしれません。モーレツ社員の妻は、家事・子育てをする役割だったのでしょう。文雄さんの長女が就職する頃は、女性も総合職で採用されるようになりました。今では身近な「就職活動（就活）」という言葉が誕生したのは、30年ほど前です。

①時代

1955年頃	1965年頃	1975年頃	1985年頃	1995年頃	2005年頃

②年齢

20代	30代	40代	50代	60代	70代

③社会（就職）

集団就職	金の卵	モーレツ社員	女性総合職	就職活動（就活）	就職氷河期

文雄さんの人生の時期を理解する

　1935年生まれの文雄さんの生きた人生の時期・社会を理解することは大切です。年齢や時代から、あなたの興味のあるキーワードで当時の流行などを調べてみましょう。また、年齢と価値キーワードで検索してもよいでしょう。

１．文雄さんの人生の時期を調べましょう。

年齢	時代	価値キーワード	文雄さんの人生の時期を検索する 例：流行・電話・テレビ・服・寿命・結婚年齢・初任給等
20代		金銭感覚	
30代		結婚観	
40代		家族観	
50代		職業観	
60代		健康観	
70代		死生観	

２．文雄さんの生きた人生の時期から文雄さんは、どのような方だと思いますか。20代と50代の頃の社会背景を考えながらそれぞれの時代の文雄さんについて考えてみましょう。

20代の頃

50代の頃

Work 2 意図的に集めた情報をアセスメントの視点で整理する

　ワーク2は、ワーク1の文雄さんの生きた時代をイメージしてください。文雄さんの基本情報と介護記録から「自立」「快適」「安全」のアセスメントの視点で整理しましょう。

【基本情報（2022年4月1日現在）】

①男性　②85歳　③介護認定非該当　④高血圧　⑤年金月額18万円程度
⑥定年まで会社員　⑦長男・長女は独立生計暮らし　⑧長男・長女の子が各1人
⑨ケアハウス（夫婦室）　⑩長女は海外住まい

【介護記録より】

(11)好奇心がある	(12)居室が片付いている	(13)一般浴を使用	(14)メロンパンが好物
(15)月命日の供養を欠かさない	(16)パソコンを購入した	(17)正月のおせちを楽しみにしている	(18)意思疎通が可能
(19)物静かに犬型ロボットを眺めている	(20)ジャズを好んでいる	(21)服装が若々しい	(22)規則正しい生活

1. 「イメージを組み立てる」にアセスメントの視点で基本情報、介護記録の情報を整理しましょう。また、ワーク1での情報も含め「人生の時期からイメージする姿」を書きましょう。

視点	ポイント	イメージを組み立てる	人生の時期からイメージする姿
自立	1．利用者の力を活かす		
	2．生活上の支障や困難		
	3．福祉用具の活用		
	4．自己の意思表示		
快適	1．プライバシー保護		
	2．生活スタイルや価値の維持		
	3．パワーレス状態		
安全	1．生命の状態の悪化原因		
	2．生活を営む中でのリスクマネジメント		

介護職チームでケアをする内容を列挙する

あなたは、文雄さんの介護チームに介護職として参加します。

1. ワーク2の基本情報、介護記録の番号を記入し、あなたが文雄さんのケアで大切にする視点を他の人に説明できるよう文章にまとめましょう。また、他のメンバーの解答を記入し相違点を探ってみましょう。

	自立	快適	安全
あなた			
チームメンバーA			
チームメンバーB			

▐▐▐ 発展ワーク

【80代　男性　文雄さんの生きづらさ】について考えてみましょう。チームで行う場合は考えたことをまとめ、話し合ってみましょう。

Memo

- -
- -
- -
- -

ケース4の模範解答はこちら→

1 プロフィール

　留子さんは裕福な家庭で育ち、子どもの頃から病気がちであったため、内向的な性格です。20歳の時に2つ年上の夫に見初められて結婚、その後1男1女をもうけました。夫は電気関連の仕事をするも、災害復旧の工事で大金を得た後、ギャンブルと酒におぼれ、借金地獄となります。留子さん自身、身体が弱く、内職で家計を支えてきましたが、55歳頃から、筋力の低下が出現します。

　その後、夫は60歳の時に肝硬変で病没します。社会性も低く、夫に依存してきた留子さんは、夫と死別後に床に臥せることが多く、生活が不活発になっていました。心理的な落ち込み以外に身体的な不調を心配した長男に連れられて受診をし、脊髄小脳変性症と診断されました。長男宅に同居するものの日中独居しています。また生活意欲の低下が顕著となり、訪問介護を受けています。

2 時代のモノサシ

　1960年代に出生した女性にとって、小学校入学時の将来像は、「お母さん」「お嫁さん」というのが大半であり、「お花屋さん」など女性が会社等に就職するイメージがない多感な時代を過ごしていたことが想定されます。留子さん自身も、裕福な家庭の出身ということもあり、就職しても結婚までの腰かけで、寿退職を前提と考えていました。短期大学に進学する際も家政学を選考し、職業へのキャリアビジョンを描くことや興味関心、適性よりも、花嫁修業としての学業である場合が多かったようです。またプライベートな時間も華道や、茶道を習う女性が多く、婚礼時の嫁入り道具も、トラックを数台連ねたり、菓子投げをしたり、個人よりも家同士のつながりを重視する時代でした。社会で女性の活躍が進むも家事・子育て・介護は女性の「役割」として社会に根づいていたと言えるでしょう。

①時代

1980年頃	1990年頃	2000年頃	2010年頃	2020年頃	2030年頃

②年齢

20代	30代	40代	50代	60代	70代

③社会（女性とキャリア）

花嫁修業は華道	共働き世代増加	介護保険制度開始	女性活躍推進法施行	孫育て手帳	2030年問題

留子さんの人生の時期を理解する

　1960年生まれの留子さんの生きた人生の時期・社会を理解することは大切です。年齢や時代から、あなたの興味のあるキーワードで当時の流行などを調べてみましょう。また、年齢と価値キーワードで検索してもよいでしょう。

1．留子さんの人生の時期を調べましょう。

年齢	時代	価値キーワード	留子さんの人生の時期を検索する 例：女性像・ファッションの流行 　　　　　　　ヒット商品（食品）等
20代		金銭感覚	
30代		結婚観	
40代		家族観	
50代		職業観	
60代		健康観	
70代		死生観	

2．留子さんの生きた人生の時期から留子さんは、どのような方だと思いますか。20代と60代の頃の社会背景を考えながらそれぞれの時代の留子さんについて考えてみましょう。

20代の頃

60代の頃

Work 2 意図的に集めた情報を アセスメントの視点で整理する

　ワーク2は、ワーク1の留子さんの生きた時代をイメージしてください。留子さんの基本情報と介護記録から「自立」「快適」「安全」のアセスメントの視点で整理しましょう。

【基本情報（2022年4月1日現在）】

①女性　②67歳　③要介護3　④脊髄小脳変性症　⑤年金は月6万程度　⑥専業主婦
⑦夫とは死別　⑧独身の長男と暮らす　⑨自宅は一軒家（段差が多い）　⑩訪問介護

【介護記録より】

⑾心理的な落ち込みがある	⑿生活意欲がない	⒀自宅でも車いす	⒁車いす移動は自力で可能
⒂家事は長男が担当	⒃食事はゆっくりなら自力摂取可能	⒄朝はパン、昼もおにぎり（コンビニ）	⒅言語での意思疎通が可能である
⒆尿意・便意ははっきりしている	⒇トイレには自分で行けない	㉑入浴は長男が日曜日に入れている	㉒筋力低下が顕著

1. 「イメージを組み立てる」にアセスメントの視点で基本情報、介護記録の情報を整理しましょう。また、ワーク1での情報も含め「人生の時期からイメージする姿」を書きましょう。

視点	ポイント	イメージを組み立てる	人生の時期からイメージする姿
自立	1. 利用者の力を活かす		
	2. 生活上の支障や困難		
	3. 福祉用具の活用		
	4. 自己の意思表示		
快適	1. プライバシー保護		
	2. 生活スタイルや価値の維持		
	3. パワーレス状態		
安全	1. 生命の状態の悪化原因		
	2. 生活を営む中でのリスクマネジメント		

介護職チームでケアをする内容を列挙する

あなたは、留子さんの介護チームに介護職として参加します。

1. ワーク2の基本情報、介護記録の番号を記入し、あなたが留子さんのケアで大切にする視点を他の人に説明できるよう文章にまとめましょう。また、他のメンバーの解答を記入し相違点を探ってみましょう。

	自立	快適	安全
あなた			
チーム メンバーA			
チーム メンバーB			

発展ワーク

【60代　女性　留子さんの生きづらさ】について考えてみましょう。チームで行う場合は考えたことをまとめ、話し合ってみましょう。

Memo

- -
- -
- -
- -
- -

ケース5の模範解答はこちら→

ケース 6 1950年生まれ × 70代女性 × レビー小体型認知症

1 │ プロフィール

　きみさんは高学歴な両親の元に育ち、幼少期は都心の裕福な邸宅で何不自由なく暮らしました。社会学者の父親の影響もあり、当時では珍しくアメリカの大学でソーシャルワークを学び、帰国後は大学教員として働いていました。30歳の時に大手新聞社の社会部記者として勤務する夫と結婚しましたが、子どもはいません。

　地方大学で定年まで勤務したこともあり、長年都心に住む夫とは別居していましたが、60歳から同居しました。もともと仲はよかったのですが、きみさんが被害的な話をする等、幻覚が見えるようになった頃から夫婦仲が悪くなり、きみさんの65歳の年金受給を機に、自宅を売却して、サービス付き高齢者向け住宅を2室借りて暮らすようになりました。70歳頃から軽度認知症の症状と、歩行などの運動失調も出現し、サービス付き高齢者向け住宅の職員の勧めで検査したところ、レビー小体型認知症であることが判明しました。

2 │ 時代のモノサシ

　子どもは親を選べない…それはいつの時代も変わりません。悪循環の連鎖で不遇な人生に苦しむ子どもがいる一方、良循環の中で多くの物を与えられ、守られ、老後においても経済的な不安を感じることなく人生を全うできる人も少なくありません。特に戦後生まれの女性にとって、学歴に問わず、女性は家庭に入るのが一般的でした。現在は、高い教育を受けることが将来を嘱望される条件となり、女性の大学進学率も高くなってはいるものの、性差による職場でのヒエラルキーは劇的には変貌していないように見受けられます。

　女性管理職を増やす取り組みや男性の育児休業促進など女性が働きやすい職場づくりの取り組みが始まっています。

①時代

1970年頃	1980年頃	1990年頃	2000年頃	2010年頃	2020年頃

②年齢

20代	30代	40代	50代	60代	70代

③社会（女性の大学進学率）

17.7%	33.0%	37.4%	48.7%	56.6%	59.1%

1 きみさんの人生の時期を理解する

　1950年生まれのきみさんの生きた人生の時期・社会を理解することは大切です。年齢や時代から、あなたの興味のあるキーワードで当時の流行などを調べてみましょう。また、年齢と価値キーワードで検索してもよいでしょう。

1．きみさんの人生の時期を調べましょう。

年齢	時代	価値キーワード	きみさんの人生の時期を検索する 例：女性問題・ベストセラー等
20代		金銭感覚	
30代		結婚観	
40代		家族観	
50代		職業観	
60代		健康観	
70代		死生観	

2．きみさんの生きた人生の時期から、きみさんはどのような方だと思いますか。20代と70代の頃の社会背景を考えながらそれぞれの時代のきみさんについて考えてみましょう。

20代の頃

70代の頃

意図的に集めた情報を アセスメントの視点で整理する

　ワーク2は、ワーク1のきみさんの生きた時代をイメージしてください。きみさんの基本情報と介護記録から「自立」「快適」「安全」のアセスメントの視点で整理しましょう。

【基本情報（2022年4月1日現在）】

①女性　②72歳　③要介護1　④乳がんの既往歴　⑤レビー小体型認知症　⑥大学教員
⑦ADLは自立　⑧夫とは長く別居　⑨預貯金は潤沢　⑩サービス付き高齢者向け住宅

【介護記録より】

⑾社会問題に関心がある	⑿当事者問題が専門領域	⒀アメリカでの留学経験がある	⒁学生運動に参加していた
⒂読書が趣味	⒃人の生活音が気になる	⒄主疾患に関する病識がない	⒅自分の意思を伝えられる
⒆乳がんの治癒以降、体温調整が難しい	⒇敬虔なクリスチャンとして日曜日の礼拝が生活の基本	㉑教え子の多くがSWとなってサポートしている	㉒自分らしく年を取りたいが口癖

1. 「イメージを組み立てる」にアセスメントの視点で基本情報、介護記録の情報を整理しましょう。また、ワーク1での情報も含め「人生の時期からイメージする姿」を書きましょう。

視点	ポイント	イメージを組み立てる	人生の時期からイメージする姿
自立	1. 利用者の力を活かす		
	2. 生活上の支障や困難		
	3. 福祉用具の活用		
	4. 自己の意思表示		
快適	1. プライバシー保護		
	2. 生活スタイルや価値の維持		
	3. パワーレス状態		
安全	1. 生命の状態の悪化原因		
	2. 生活を営む中でのリスクマネジメント		

Work 3　介護職チームでケアをする内容を列挙する

　あなたは、きみさんの介護チームに介護職として参加します。

1．ワーク２の基本情報、介護記録の番号を記入し、あなたがきみさんのケアで大切にする視点を他の人に説明できるよう文章にまとめましょう。また、他のメンバーの解答を記入し相違点を探ってみましょう。

	自立	快適	安全
あなた			
チームメンバーA			
チームメンバーB			

発展ワーク

　【70代　女性　きみさんの生きづらさ】について考えてみましょう。チームで行う場合は考えたことをまとめ、話し合ってみましょう。

Memo

ケース６の模範解答はこちら→

1945年生まれ × 70代男性 × パーキンソン病

1 プロフィール

　功さんは地方都市の鉄工所の次男として生を受けました。公立の工業高校卒業後、地元の鉄鋼関係の企業で60歳まで勤めあげました。長く男性社会で揉まれてきたこともあり無骨で無口な性格です。恋愛に奥手であったこともあり、親戚からの勧めで、視覚障害のある妻と結婚しました。妻との間に1女をもうけ、現在は長女家族との5人暮らしです。

　70歳になった頃から段差で転倒することが多くなりましたが、もともと無趣味で自宅で過ごすことが多かったため、身体を動かす機会もなく症状が緩やかに悪化していたことを家族も意識していませんでした。食事の時に食べこぼしが増えるようになった頃から振戦が顕著になっていましたが、視覚障害の妻にはその変化に気づけませんでした。孫から「おじいちゃんの様子が変」と報告を受けた長女が受診に付き添い、パーキンソン病との診断を受けました。その後、入浴目的で通所介護を利用することとなりました。

2 時代のモノサシ

　団塊の世代は、戦後生まれで、日本が復興し、高度成長をする社会とともに、時代を走り抜けた人々です。特に男性の場合、仕事に対しては終身雇用が当たり前の時代であり、サラリーマンとして家族のために専心で働き、家庭ではよき夫、よき父親として時代を過ごしています。この時期の男性は、贈答行動がある世代として評されることもありますが、家事や子育てに対しても積極的に取り組む、いわゆる「マイホームパパ」が存在しました。郊外の一軒家を購入することが難しい場合、ベッドタウンの一角の高層マンションを購入し、満員電車で通勤時間が長いというのも、この時代の都会のサラリーマンを象徴する姿でした。かつてのニュータウンは、高層階にも関わらずエレベーターがないため、高齢社会の現代で大きな社会問題となっています。

①時代

1970年頃	1980年頃	1990年頃	2000年頃	2010年頃	2020年頃

②年齢

20代	30代	40代	50代	60代	70代

③社会（住宅事情）

大規模分譲集合住宅	郊外のマイホーム	デザイナーズマンション	耐震偽装再発防止	空き家問題	新築住宅の省エネ義務化

Work 1 功さんの人生の時期を理解する

　1945年生まれの功さんの生きた人生の時期・社会を理解することは大切です。年齢や時代から、あなたの興味のあるキーワードで当時の流行などを調べてみましょう。また、年齢と価値キーワードで検索してもよいでしょう。

１．功さんの人生の時期を調べましょう。

年齢	時代	価値キーワード	功さんの人生の時期を検索する 例：家族形態・雇用問題・福利厚生、余暇
20代		金銭感覚	
30代		結婚感覚	
40代		家族観	
50代		職業観	
60代		健康観	
70代		死生観	

２．功さんの生きた人生の時期から、功さんはどのような方だと思いますか。20代と60代の頃の社会背景を考えながらそれぞれの時代の功さんについて考えてみましょう。

20代の頃

60代の頃

Work 2 意図的に集めた情報をアセスメントの視点で整理する

ワーク2は、ワーク1の功さんの生きた時代をイメージしてください。功さんの基本情報と介護記録から「自立」「快適」「安全」のアセスメントの視点で整理しましょう。

【基本情報（2022年4月1日現在）】

①男性　②77歳　③要介護2　④パーキンソン病　⑤年金は月15万程度　⑥定年まで会社員　⑦妻は視覚障害者　⑧長女は離婚し孫が2人いる　⑨自宅は高層階（エレベーターなし）　⑩通所介護

【介護記録より】

⑾無口である	⑿自宅での入浴ができない	⒀家族のためにリハビリを頑張りたい	⒁通所介護の食事を楽しみにしている
⒂妻は功さんに依存的	⒃長女は自分のことや子育てで精一杯が口癖	⒄屋外では車いす移動	⒅言語での意思疎通が可能である
⒆尿意・便意ははっきりしている	⒇認知症の症状はない	㉑パーキンソン病の薬が合っているので進行は抑制	㉒姿勢反射などはない

1. 「イメージを組み立てる」にアセスメントの視点で基本情報、介護記録の情報を整理しましょう。また、ワーク1での情報も含め「人生の時期からイメージする姿」を書きましょう。

視点	ポイント	イメージを組み立てる	人生の時期からイメージする姿
自立	1. 利用者の力を活かす		
	2. 生活上の支障や困難		
	3. 福祉用具の活用		
	4. 自己の意思表示		
快適	1. プライバシー保護		
	2. 生活スタイルや価値の維持		
	3. パワーレス状態		
安全	1. 生命の状態の悪化原因		
	2. 生活を営む中でのリスクマネジメント		

介護職チームでケアをする内容を列挙する

あなたは、功さんの介護チームに介護職として参加します。

1. ワーク 2 の基本情報、介護記録の番号を記入し、あなたが功さんのケアで大切にする視点を他の人に説明できるよう文章にまとめましょう。また、他のメンバーの解答を記入し相違点を探ってみましょう。

	自立	快適	安全
あなた			
チームメンバーA			
チームメンバーB			

発展ワーク

【70代　男性　功さんの生きづらさ】について考えてみましょう。チームで行う場合は考えたことをまとめ、話し合ってみましょう。

Memo

- -
- -
- -
- -

ケース 7 の模範解答はこちら→

ケース 8 | 1960年生まれ × 60代男性 × 慢性閉塞性肺疾患

1 | プロフィール

　重雄さんは公団団地に住む家庭の第一子として生まれ育ちました。発達障害と思われる行動が子どもの頃から出現していましたが、周囲の無理解により健常者としての生活を余儀なくされました。家庭や学校、社会でも「できない人」として扱われ、苛立ちから暴力行為による粗野さがありました。その結果、若い頃から非行に走り、その後、反社会的勢力に入ったため、一般就労の経験はこれまでありません。反社会的勢力に属していた20代の頃、けんかの際に左足を負傷し、その後、松葉杖での移動をしています。

　40歳頃から、家族との関係も隔絶されました。極端なヘビースモーカーの影響もあり、60歳の頃には絶えず咳症状があり、喘息性の発作で救急車搬送され、慢性閉塞性肺疾患と診断されました。入院の保証人や、退院受け入れを家族が拒否したため、医療ソーシャルワーカーや行政の関与で、救護施設への入所となりました。在宅酸素療法が必要な状況ですが、本人に病識がないため、在宅酸素療法が開始できない状況です。

2 | 時代のモノサシ

　1949年に成立した身体障害者福祉法ですが、当時の障害者福祉は傷痍軍人等の救済が政策の中心でした。その後、「精神薄弱者福祉法（現：知的障害者福祉法）」「障害者基本法」等の法整備が行われました。ノーマライゼーションが提唱されましたが、障害者福祉の中でも知的障害の領域はコロニー政策に代表されるように施設処遇が優位な時代でした。そのため、在宅で暮らす障害のある子どもに対しての無理解が横行している時期であり、ソーシャル・インテグレーションとしての特別扱いか、置き去りにされた時代でした。

　合理的な配慮がなされなかった当時は、発達障害などの目に見えない障害があったとしても、差別や偏見を受けていました。「努力が足りない」「やる気が足りない」と、本人への責任追及は多感な青年にとっては生き辛く、社会構造的な問題となっています。

①時代

| 1980年頃 | 1990年頃 | 2000年頃 | 2010年頃 | 2020年頃 | 2030年頃 |

②年齢

| 20代 | 30代 | 40代 | 50代 | 60代 | 70代 |

③社会（福祉観）

| 完全参加と平等 | 福祉八法改正 | 障害者自立支援法 | 障害者総合支援法 | 地域包括ケアシステム | 2030年問題 |

重雄さんの人生の時期を理解する

　1960年生まれの重雄さんの生きた人生の時期・社会を理解することは大切です。年齢や時代から、あなたの興味のあるキーワードで当時の流行などを調べてみましょう。また、年齢と価値キーワードで検索してもよいでしょう。

1．重雄さんの人生の時期を調べましょう

年齢	時代	価値キーワード	重雄さんの人生の時期を検索する 例：物価指数　物の値段　流行語　健康意識等
20代		金銭感覚	
30代		結婚感覚	
40代		家族観	
50代		職業観	
60代		健康観	

2．重雄さんの生きた人生の時期から重雄さんは、どのような方だと思いますか。20代と50代の頃の社会背景を考えながらそれぞれの時代の重雄さんについて考えてみましょう。

20代の頃

60代の頃

Work 2 意図的に集めた情報をアセスメントの視点で整理する

ワーク2は、ワーク1の重雄さんの生きた時代をイメージしてください。重雄さんの基本情報と介護記録から「自立」「快適」「安全」のアセスメントの視点で整理しましょう。

【基本情報（2022年4月1日現在）】

①男性　②62歳　③要支援2　④発達障害　⑤慢性閉塞性肺疾患
⑥反社会勢力に所属経験　⑦松葉杖　⑧家族との断絶　⑨在宅酸素療法　⑩救護施設

【介護記録より】

(11)援助者に気兼ねをしている	(12)松葉杖を使用している	(13)下肢筋力低下が顕著である	(14)戸外では車いすが必要
(15)MCI（軽度認知障害）症状がみられる	(16)昔話をすることが多い	(17)自分は捨てられたという思いが強い	(18)希死念慮がある
(19)構音障害があり言葉がはっきり出ない	(20)妹がいる	(21)母の葬儀には出たい	(22)脳性麻痺様の姿勢反射がある

1. 「イメージを組み立てる」にアセスメントの視点で基本情報、介護記録の情報を整理しましょう。また、ワーク1での情報も含め「人生の時期からイメージする姿」を書きましょう。

視点	ポイント	イメージを組み立てる	人生の時期からイメージする姿
自立	1. 利用者の力を活かす		
	2. 生活上の支障や困難		
	3. 福祉用具の活用		
	4. 自己の意思表示		
快適	1. プライバシー保護		
	2. 生活スタイルや価値の維持		
	3. パワーレス状態		
安全	1. 生命の状態の悪化原因		
	2. 生活を営む中でのリスクマネジメント		

Work 3 介護職チームでケアをする内容を列挙する

あなたは、重雄さんの介護チームに介護職として参加します。

1. ワーク2の基本情報、介護記録の番号を記入し、あなたが重雄さんのケアで大切にする視点を他の人に説明できるよう文章にまとめましょう。また、他のメンバーの解答を記入し相違点を探ってみましょう。

	自立	快適	安全
あなた			
チームメンバーA			
チームメンバーB			

発展ワーク

【60代　男性　重雄さんの生きづらさ】について考えてみましょう。チームで行う場合は考えたことをまとめ、話し合ってみましょう。

Memo

- -
- -
- -
- -
- -

ケース8の模範解答はこちら→

おわりに

　筆者が最近出合った不思議な組み合わせは、「Ｙ２Ｋファッション（ワイツーケーファッション）」でした。インターネットで検索したところ、2000年代風ファッションでした。ファッションの流行が繰り返されることは認識がありましたが、2000年代の当時を知らない若い世代に流行していることに驚きました。最近、若い方の中で見た事のある懐かしい感じのする「昭和っぽい」デザインを見ることや「お母さんの服」と話している若者がいたことを思い出しました。「Ｙ２Ｋファッション（ワイツーケーファッション）」は、当時20代だった40代の世代も懐かしみながら旬のエッセンスを取り入れ楽しんでいることも新たな特徴ではないでしょうか。

　本ワークブックのタイトルにもある「情報の見立て方」は、様々な分野でも使われています。医療の分野では「診立て」病気を診断する意味で使われます。また、心理学の分野では相談者の心理的な側面を検討し、治っていくように援助する意味で「見立てる」ことをしています。同じ「見立て」でもファッションの分野では服を「見立てる」のように多くの洋服の中から「その人」に似あう服を見て定めることとして使われています。一方で幼児教育では身近にあるものを別のものに見立てイメージを膨らませ遊ぶ「見立て遊び」があります。幼児教育の「見立て遊び」には答えはないといえるでしょう。こどもは、自身の体験からその物を表現します。同じ体験をしてもその表現は二つと同じ表現はないように思います。さらに歌舞伎の世界では周知ある形を背後に想像させるような特別の形を作る場合に「見立てる」、日本の和風庭園にも自然の風景を再現した演出を「見立て」ともいいます。SNSの普及でスマートフォンがあれば世界中の文化や景色に触れることのできる現代です。日本の文化の中の「見立て」に触れ「見立ての」イメージに触れてみる時間ももつことをお勧めします。

　最後に、情報化社会において「正しく情報を読み解くこと、そして正しく情報を発信すること」が情報リテラシーと言われています。多くの情報から正しい情報を選択することは難しいのではないでしょうか。難しいから間違えても仕方ないということではありません。立場も経験も違う人が集まりケアする介護チームです。介護チームのメンバーが利用者（その人）の情報の受け取り方が自分とメンバーが同じであるか確認することがチームに新しい気づきを与えてくれるのではないでしょうか。

介護福祉現場の意識改革シリーズ
事例から考える「情報の見立て方」

2023年5月20日　初版第1刷発行

著　　　者	岡本浄実・野田由佳里・村上逸人	
発 行 者	竹鼻　均之	
発 行 所	株式会社みらい	
	〒500-8137　岐阜市東興町40　第5澤田ビル	
	TEL　058-247-1227(代)	
	FAX　058-247-1218	
	https://www.mirai-inc.jp	
印刷・製本	西濃印刷株式会社	

ISBN978-4-86015-598-8
Printed in Japan　　　　　　　　乱丁本・落丁本はお取り替え致します。